Harald Werdowski

Erspieltes Glück

Harald Werdowski

Erspieltes Glück

Gedichte

Rediroma-Verlag

Bibliografische Information der Deutschen Nationalbibliothek:
Die Deutsche Nationalbibliothek verzeichnet diese Publikation in der Deutschen Nationalbibliografie; detaillierte bibliografische Daten sind im Internet über http://dnb.ddb.de abrufbar.

ISBN 978-3-86870-824-0

Umschlagillustration: joexx / photocase.de

www.rediroma-verlag.de
6,95 Euro (D)

Inhalt

woodstock

das blut junger explodierender herzen
vermischt mit goldenem staub rockender sterne
liebende wandeln auf dem regenbogen
indes joe cocker sich mit hilfe seiner freunde
die seele aus dem leibe schreit
und die elektrischste aller gitarren
amerikanischen traum zerreißt

entfesselte fans erklettern elektromasten
ihre idole besser zu sehen
regen donner blitz
stimmen aus dröhnenden boxen
get down please
come on come on let´s work together

ausgelassen schlittern halbnackte freaks
im strömenden regen
auf schlammigem grund

us-army-helikopter
werfen food wie bomben ab
das knurren hungriger mägen übertönend

wildes rauschen drei tage und drei nächte
regen schlamm fäkalien
freude purpur pur
sex and drugs and rock and soul
we are stardust we are golden
hitchhiking in the sky

erspieltes glück

aufgehoben sein
zwischen schwarz und weiß
wenn der abend uns in seinen armen wiegt

von wohligem gefühl durchdrungen
würfeln wir
bis zum letzten stein

prickelnde momente
spannung und erlebte freude
erspieltes glück zu später stunde

am tage gehen wir
jenseits von schwarz und weiß
gemeinsam den weg
den alltäglichen

manchmal ist er versperrt
von steinen
die wir selbst dorthin gelegt

stein für stein
beiseite räumend
suchen wir das glück im leben

schach leben

schach
ich lernte es als junge
lieben

das leben
junge junge

zuweilen ist es wie das spiel der könige
logisch
zug um zug
manchmal ist alles so klar
manchmal

wie eröffnungen
königsbauer springer läufer
spanisch
so kommt es mir manchmal vor
das leben
ich kann nicht so tun
als wüsste ich wie es geht

ich weiß
in der eröffnung zeigt sich
der charakter des spieles

vielleicht steht bereits das ende fest

im leben

mensch sein

wärme die wir vermissen
wenn wir vor kälte erstarren

licht das wir ersehnen
wenn uns dunkelheit erdrückt

mauern die uns umgeben
wenn wir vor einsamkeit fast sterben

welt
in der wir dem bösen begegnen
das uns zwingt
hinter mauern auszuhalten
finsternis und kälte ausgeliefert

mensch sein in dieser welt
mensch bleiben

schäfchen zur sonne zur freiheit

wieviel gedachtes wird noch den himmel zerkratzen
bevor die wolken sich werden an schäfchen vergehen
wie viel zeit wird noch vergeudet
ehe der club of rome walzertanzend
sich im tödlichen schwindel wird drehen

es phont so smart in die entlegensten winkel
innensichten kleben fest an der gier
einmal für fünfzehn minuten held zu sein
im rampenlicht einer welt
die immer vermessener wird

wer kein handy hat
muss in die zelle
der wahnsinn funkt aus handymasten
please call me now
let´s smile together
die welt kichert sich zu tode

auf allen kanälen wird herausposaunt
wie wichtig wachstum sei
indes die schar wächst
die das befriedigen künstlicher bedürfnisse
für wohlstand hält

in der pfanne brutzelt das schweinskotelett
und die wirtin ist schon wieder besoffen
was für ein schluss wäre das leben
ohne den goldenen schuss
dabei wollen wir nur leben leben leben

hinterm äquator grölen krokodile
nilpferde tanzen tango
streifenweise hopsen zebras zum cha cha cha
es lachen die hühner
die zeit ist reif so reif
und kein schwein weiß wofür

weiß der geier
wie das ganze enden soll
wenn die mickrigsten hühner schon bock haben
sich selbst zu besteigen
und wenn heinz seine frau
nur noch von hinten vögeln will

wenn das letzte glas schließlich leergeschlürft ist
sollte niemand behaupten
es läge an unserer verschnieften ordnung
dass ein regierender bürgermeister
immer wieder mal sekt aus highheels trinkt
und den flughafenpolka tanzt

der club of rome weiß nicht
ob seine mahnungen
zu den schäfchen dringen
in der schnellsten aller zeiten

in zeiten in denen ein goldener strumpfhalter
an schenkeln die sich prostituieren
wichtiger geworden ist
als sinnvoll gedachtes
das sich nicht verkaufen lässt
in denen nichts verloren geht

auch kein zu schnell wachsender alligator
und wenn er noch so heftig
in den untergrund gespült wird
von lila klosettspülwasser
vermischt mit verkokster urinade

freude schöner götterfunken
hoch die tassen
es lebe die internationale
längst lassen wir uns die laune
nicht mehr vom spitzbart verderben
längst hat niemand mehr die absicht
eine mauer zu errichten
längst ist die welt so frei zu entscheiden
ob deren temperatur um zwei grad steigen soll
oder um läppische fünf

brüder zur sonne zum lichte empor
lasst uns anstoßen
auf eine welt die sich nur noch um uns dreht
auf eine welt
die es als event verkauft
wenn ihre schäfchen
aus allen wolken fallen

kampf der generationen

gegelt und gestriegelt
geföhnt und gespiegelt
zugestöpselt und gestylt
megacool verpeilt
stolpert heranwachsendes fußvolk
in die falle
smartphonender ichgetriebener virtualität

die oma strickt sich die libido vom leibe
während der opa sich einen runterholt
nur weil er noch ein bisschen
auf wolke neun schweben möchte

der familienvater blafft
die winzlinge von söhnen an
die sich über die brüstung der aussichtsplattform
lehnen
ihr arschlöcher
wenn ihr nicht bald runterkommt
hau ich euch windelweich

der böse onkel
kriegt bei tempo 120 den autobahnkoller
weil das limitgebundene weichei vor ihm
die linke spur nicht freimachen will

der tv glotzende bierbauchtragende ehegatte
schneidet seine hausfrauengattin
mit der kettensäge in stücke
nur weil sie ihm mit dem staubsauger
in die quere kam
als die gegnerische mannschaft einen strafstoß erhielt

oh ihr plagegeister
synapsenvermurkster neuronensalat
an flachbildschirme gefesselte hausschweine
soll die welt chipgrunzend vor die hunde gehen

reißt euch zusammen
wählt die partei
die zugestöpseltes jungvolk
mittels smarter phonie
in virtuelles dauerhoch beamt
aus bösen onkels und familienvätern
nebst kettensägenden ehegatten
schnurrende hauskäterchen macht
und masturbierende opas auf wolke neun
ins paradies schweben lässt
wo omas nicht mehr libidoverstrickt sind

wählt mucksmäuschenstill
die partei der schönen neuen welt
wenn ihr verhindern wollt
dass man euch aufs dach steigt
und die macht der walküren ausruft

schönhauser 69

ein baum in unserm hofe steht
allein und schon sehr alt
in seinem schatten kinder spielen
weit weg vom nächsten wald

ein jeder der was auf sich hält
schmeißt seinen müll hierhin
die ratten tanzen rock´n roll
im herzen von berlin

es tun dem baum die ohren weh
in seiner matten pracht
tagein tagaus in unserm hof
es kreischt und schallt und kracht

wenn abends gehen die lichter an
sehnt sich der baum nach ruh
erschöpft ob seiner täglich qual
fallen ihm die augen zu

doch ruhe kriegt er leider nicht
jetzt wird erst mal gelebt
aus fenstern schallt musik und lärm
der baum im innern bebt

oh leute geht´s nicht etwas leiser
schreit der baum so laut er kann
lasst in gottes namen gnade walten
habt erbarmen mann oh mann

doch lächerlich wie soll man denn
nen alten baum hörn schrein
wie soll das gehn in menschenhirne
wie soll das gehn hinein

stattdessen hört man einen mann
wild aus dem fenster quieken
wat soll ick in den westen jehn
um ostfernsehn zu kieken?

der mann der seinen frust rausschreit
heißt baum und ist schon alt
und wohnt seit ewigen zeiten hier
weit weg vom nächsten wald

oh mann oh baum wer will euch hören
in unserm hof heut nacht
ihr seid allein ihr seid so alt
man über euch nur lacht

tanz der atome

in zeiten
als ein schleier
über unserem leben lag
träumten wir
vom wilden tanz der atome
vom goldenen zeitalter
in dem sehnsucht
nicht länger blutige tränen weint

damals
als uns das leben vorkam
wie ein sack verfaulter hoffnungen

d d r

d d r
errichtet von denen
die einst hymnisch beteuerten
dass nie wieder eine mutter mehr
ihren sohn beweine

d d r
der noch immer nachgeweint wird
von denen
die einst vorgaben
jenen keine träne nachzuweinen
die dieses land verließen
noch bevor es unterging

als ich dieses land verließ
ohne hass und ohne liebe
mit erinnerungen
so schwer wie das wissen
nie ein vaterland gehabt zu haben
kamen mir keine tränen

ausgesperrt in den wirren des nahenden untergangs
wurde mir schmerzlich bewusst
dass ich längst nicht mehr dazu gehörte
da halfen keine tränen

mit meinem weggang
war das land für mich untergegangen
lange bevor es von der landkarte verschwand

margareteninsel

auf der insel
schliefen wir
unter freiem himmel

in der stadt
die für uns
das tor zum westen war

wir hatten wenig
und wussten nicht viel
wir hatten uns
das musste langen

wir schätzten uns
und suchten schätze
die wir bei uns nicht fanden

schätze der kultur
in deren schatten es uns umtrieb
sehnsucht
deren zauber
uns am leben hielt

von ost nach ost
reisten wir in den süden
und sahen die sonne
im westen untergehen

als sie wieder aufging
hatten wir alles
was wir uns erträumten
außer uns

auf der insel
schliefen wir
unter freiem himmel
in jenem sommer

flüchtiges glück

wenn der tag sein letztes glas geleert
ist die versuchung nah
schon tönt die nacht mit schmeichelnder stimme
tauche ein
in die wasser vor den inseln
auf denen die lichter
in wilder verzückung flackern
lass dich durchströmen
von prickelnden ahnungen
vor den gestaden
an denen sich die götter
mit töchtern einsamer mütter
die zeit vertreiben
giftig süße cocktails schlürfend

atme die salzig würzige luft
unter palmen
die im silbernen schein des mondes
den geist abgeworfener früchte besingen

tanze zu treibenden rhythmen
in feurig heftiger ekstase
armeschwingend
die ängste vertreibend

oh himmlisches entzücken
reite auf den wellen flüchtigen glücks
geh nie mehr zurück
dorthin
wo die meister des todes

warnungen von wachtürmen
in eisige finsternis ausstoßen
und gesichter von angst gezeichnet sind

liebe trinken

schmerzhaftes dasein
wenn zahn um zahn gezogen
trink ich die liebe

ans ufer treiben

tosend reißen wogen
gedanken mit sich
die darum kreisten
warum wir uns begegnet

der wucht der fluten mich ergebend
komme ich mir näher
mit jeder neuen welle
und lasse mich ans ufer treiben
das antwort hat auf meine fragen

kreislauf

am ende eines traumes
hör ich deine stimme
meinen namen nennen
ohne noch ein wort zu sagen

alle worte waren schon gefallen
wie blätter
müde von der sommerhitze
vom baum
der auf den winter wartet

bald wird erster schnee
die jungen wunden kühlen
frost regiert das leben
eis deckt seen und flüsse zu

vom frühling werd ich träumen
und am ende jenes traumes
hör ich eine stimme
die zum blühen bringt die liebe

frieden

ich verliere mich
im nichts
in ewigen frieden
taucht meine seele ein
in licht
in warmes goldenes
aufgehobensein

drang in die tiefe

ein mensch steigt hinab
in höhlenfinsternis
forschend
durch verwinkelte gänge
in eine welt tödlich bizarrer schönheit

gelangt in öffnungen
eng und glitschig kalt
seilt sich ab in tiefen
in die kein mensch vor ihm drang

wasserläufe zu erkunden
heißt es
und geologische formationen
im dienste der menschheit

wo ist die grenze
zwischen dienender mission
und dem ausloten
eigener abgründe

eindringen in unabsehbares
aushalten können mit sich
in der enge des verlorenseins

angstreiz der aus der tiefe kommt
zieht den forscher
hin zum grunde seiner existenz

getrieben
die geheimnisse des lebens zu ergründen
den stein des weisen zu finden
auf der schwelle zum tod

stein der droht
ihn zu erschlagen
ihn der nicht weiß
ob er jemals wieder
das licht der welt erblicken wird

menschen
gleichgesinnte
zieht es unter einsatz ihres lebens hinab
ihn zu bergen

verbündete
im kampf um leben und tod
finden sie ihn
auf tiefstem grund
traumatisiert
beinah erschlagen

verfolgt von feuerspeienden untieren
schätze der finsternis hütend
gelangen sie
vereint
mit letzter kraft
nach oben
bevor sie das licht der welt erblicken

liebe und lüge

die lüge gibt nichts preis
außer den worten
die das geheimnis wahren
hinter dem wir uns verstecken

die liebe lässt uns
selbst ohne worte
das geheimnis der herzen
entdecken

wohnen liebe und lüge
im selben haus
werden worte zu giftigen pfeilen
die in herzen dringen
in denen kein platz ist
für die letzten dinge
des seins

verloren

fremd bin ich ausgezogen
einsam und verloren
höllisch drückt der schmerz ins ohr
stumm die innere stimme
gestorben ist die liebe

in den morgen taumelnd
fällt der blick nach draußen
fremd der himmel
unendlich groß das loch
in meinem herzen

funkelnde schönheit
in verwüsteten träumen
schreienden bestien
zum fraße vorgeworfen

erstickte illusionen
im dampf aus pech und schwefel
geboren im übermut verschlungener zweisamkeit

erinnerungen implodieren
vergangene herrlichkeit
von schwarzen löchern eingesogen

einschlagende blitze
stimmen
die klingen wie schüsse hinter der mauer
in meinem hirn

zwischen all den fragen

in einem traume bittersüß
seh ich noch immer mich gefangen
es will partout mir nicht gelingen
aus seinem schatten zu gelangen

ich wollt du könntest meine stimme hören
aus jenem land am weltenende
in das es mich verschlug
als uns das schicksal trennte

ich würde dich so manches fragen
was ich dich nie gefragt
ich könnte dir so vieles sagen
was zwischen uns blieb ungesagt

doch bin ich mir nicht sicher
ob unter all den fragen
eine wär die mut mir gäbe
den ersten schritt zu wagen

im geiste seh ich deinen mund
spür heftiges verlangen
ich schau in deine augen tief
in meiner brust ein bangen

es nagt die angst an meinem herzen
die angst mich zu verlieren
noch immer sehe ich das kind
allein auf allen vieren

allein so fern und ungestillt
seh ich das kind das mutterlose
seh die mutter gehen die liebste kommen
am dornig zweig erblüht die rose

die rose blüht die rose welkt
es stellen sich stechend fragen
zwischen sehnsucht und geborgenheit
zwischen hadern und erneutem wagen

antwort auf fragen

blume der wüste
in sengender glut
menschen im regen
den bauch voller wut

nächte im fieber
feuriges verlangen
am tage der zweifel
das hadern und bangen

tanzende schatten
an höhlenwänden
suche nach wahrheit
mit gefesselten händen

antwort auf fragen
nicht zu ende gedacht
feinde im nebel
die der wind sichtbar macht

kugelrund

ich wollte
ich rollte
als kugel durchs leben

mit kind und kegel würd ich ziehen
vom frühjahr bis zum winter
durch die welt der würfel und der tetraeder
der quader und zylinder

nach höheren dimensionen
müsst ich nicht zwingend streben
es ließe sich in einem kreis
für mich auch auf den punkt hin leben

gefunden hätt ich meinen platz
in der welt der formen
mein leben würd nicht nur bestehen
aus regeln und aus normen

ich könnte rollen
ich könnte rocken
ich hätte keine angst
ich würde irgendwas verbocken

ich wollte
ich rollte
ein leben lang

aus eins mach zehn

es steht für sich die eins
hinaus zu ziehen drängt es sie
die zwei ist zwiespalt
gegensatz und relativ
die drei soll richten
was die zwei hat angerichtet
erkannte welt in ordnend form zu bringen
brauchts die vier
die fünf ist ungebärdig
essenz und ausgestreckte hand
die sechs führt mann und weib zusammen
analyse und synthese
für weisheit steht die sieben
bringt sie zum blühen doch den geist auf erden
die acht ist tor zum lichte
vollendet was die sieben hat gebracht
die neun ist potenzierte drei
doch ist sie nicht vollkommen
heilig ist die zehn
allumfassend allbegrenzend

nichts

das nichts
rätselhaft
wie der raum
leer und zugleich voll von allem

verstörend
wie der schatten
der den menschlichen geist
von der wahrheit trennt

beängstigend
wie die stille
die uns zwingt
in uns hinein zu hören

einsichten

(1)
die idylle ist der zustand
in dem nichts getan wird
außer zu genießen
das elend ist der zustand
in dem alles getan wird
nicht zu genießen
das elend an der idylle ist
dass alles getan wird
dem elend
wieder ein stück näher zu kommen

(2)
in der jugend will man viel
und weiß nicht was
im alter weiß man wenig
und will nicht mehr

besenrein

in einer besenkammer gezeugt
das kind
das ihn zwingt
mit seinem leben aufzuräumen

zwischen angst und glück

verstummendes bellen einsamer hunde
ich höre die junge birke weinen
sich verzehrend nach des schmetterlings flügelschlag

ich schaue den wolken nach
sehe dich ziehen
gleich einem schleier
der das geheimnis unserer liebe verhüllt

im licht des ausklingenden tages
finde ich mich
in räumen zwischen angst und glück
wo klänge sich verlieren

gemeinsam pilgern

lass uns den weg gehen
den vor uns so viele schon gingen
auch jene
die den zweifel mit sich trugen

lass uns mit den wolken übers land ziehen
und uns am gesang der vögel erfreuen
nicht nachhängend jenem
was uns auf den weg gebracht
noch an kommendes denkend
das im ungewissen zu hause ist

lass uns in herbergen
das abendliche mahl einnehmen
und den geschmack vertaner möglichkeiten vergessen

trinken wir den wein
den man uns reicht
hören wir von den sorgen und freuden der menschen
die unseren weg kreuzen
und spüren wir die sanftmut
die ihr haupt auf weiches kissen bettet

diamanten im schnee

diamanten im schnee
ihr glanz schmerzt das auge
das müde
vom blendwerk der liebe

goldenes band
gewebt aus erinnerungen
weht vor dem fenster
an dem eisig blumen blühen

erinnerungen an nächte
in denen unsere sehnsucht
mit den nebeln ferner galaxien verschmolz
und die gier nach nähe
kommendes unheil ahnen ließ

ich sehe
wie der mond
dein gesicht mit silbernem licht übergießt
höre die klänge
die das spiel der liebe begleiten
entrückt
schmeichelnd zart
und viel zu schön um wahr zu sein

diamanten
im schmerzenden licht der frühjahrssonne
die träume zum schmelzen bringt
geboren zwischen unseren tanzenden leibern
schwitzend im nächtlich trügerischen licht

diamanten
auf warmem grünen grund
ich öffne das fenster
sehe den ersten storch wiederkehren
ich atme die kühle luft
und weiß
der einsam wiederkehrende bleibt nicht allein

maienglück

der blätter zartes grün
vor blauem firmament
ein traum so schön
im sonnenlicht geboren

im kleinen birkenhain
im jungen mai
lausch ich dem klang
von tausend stimmen

der schönsten stimme klang
das ohr liebkosend
das herz mir streichelnd
hör ich aus deinem munde

begrabene träume

gedachtes nicht geäußert
geträumtes nicht gelebt
still die hoffnung wahrend
dass träume nicht vergehen

ich und du
und alles was nicht ausgesprochen
zwischen ängsten
die in kellern hausen
zwischen türmen
in den himmel ragend

schwur auf schwur
verworfen und vergessen
bis die liebe untergeht

wollen wir ewig trauern
um die unterlassenen taten
um den mut
der unseren sarg verziert

autark

breites nasses band auf dem wir im mercedes rollen
durch den regen und die lange menschenleere straße
in der häuser stehen riesig fremd und schön

ich fühl mich leicht und schwebend
wie der rauch aus deiner zigarette
sie geht mich nichts mehr an
die stadt
ein totes riesentier

sieger der geschichte

wenn die sieger der geschichte
feste feiern
halte dich nicht daran auf
gib dir selber eine party
lass den dingen ihren lauf

wenn die geliebte
du nicht halten kannst
und sie von dannen zieht
lass es geschehen
lass sie gehen

wenn es sein muss
lass dich montag morgen fallen
lass dich fallen
in die woche
tief hinein
was soll sein
was soll sein

doch warte nicht auf freitag
warte nicht auf bessere zeiten
träum nicht von der goldnen henne
träume nicht vom goldnen ei

gehe deinen weg
und wenn er noch so steinig ist
gehe ihn
selbst wenn der tod
dir in die augen schaut

auf die zeichen achte
die am himmel sich dir zeigen
präge sie dir ein

fühl das feuer
fühl es in dir brennen
wärme dich in seinem schein

und eines tages
wenn du nicht mehr damit rechnest
schlägt wie ein blitz die liebe ein
was soll sein
was soll sein

lebe furchtlos
lebe und lass leben
lass die sieger sieger sein

urschock

in die welt hinein gepresst
kalt und laut und rau
sucht das frischgeborene
die mutterbrust
saugt sich fest
im meer unendlicher geborgenheit

was vom urschock
wird nicht weggesaugt
wohnt dem erdenbürger inne
im schlimmsten falle lebenslänglich

der verzeifelte
breitet die schwingen aus
springt vom turm
in dem sein geist sich verirrte
und die seele sich hinter den gittern zivilen gehorsams
gefangen sah

freier fall hält ihn nicht auf
ein blutbad in der gaffenden menge zu nehmen
die längst nicht mehr darauf aus ist
sündenfrei in den himmel zu gelangen
im namen des papstes und des heiligen geistes

doch mittelalter ist überall
unter glasierter decke
gläubigen fortschritts
drängt fortschreitende gläubigkeit
zu finaler sicherheit

im kalten licht
bonbonfarbener träume
drängt der einzelne
ins gewühl datenverwobenen aufgehobenseins
tänzelnd am abgrund
geschwätzig innerer leere

die angst nichts zu bedeuten
treibt zu medialem striptease
schöne neue welt
lässt grüßen
gläserne herrlichkeit

eingefrorene träume
verlorenes glück zwischen zwei ringen
am ende bleibt das gefühl
getrennt zu sein
vom urgrund des lebens
milliarden lichtjahre
entfernt von den nippeln
die dem ewigen winzling ausreichend nahrung gäben
den urschock zu verdauen

krieg

kämpfen töten sterben
für mehr boden
für ehre ruhm und vaterland

schlachtfelder
fronten
zwischen denen
wahrheit wird mit opfer eins

stellungen
linien
die wie schlingen
sich um kriegerhälse ziehen

feindschaft
über gräben tobend
die erst im tode endet

kämpfen töten sterben
monster
das nach frischem blute schreit

erwacht

erwacht aus wundersamem traum
bin ich dem schoß der welt entwachsen
namenlos befreit vom ich

seh getragen von den wolken
sprudelnd klaren quell
der verzehrend glut gelöscht

höre klänge
die einst flügel mir verliehen
mich dem himmel nahe brachten

schmecke prickelnd süßen saft
der an freuden mich erinnert
die in liebe ich genoss

ängste die mich trieben
hat der wind hinweg gefegt
schatten sind geschwunden
geheilt die zugefügten wunden

räume öffnen sich im lichte
das von liebe ist gezeugt
und es fließt ins meer des schweigens
ewiglich die zeit

der tod

herrscher
im blutigen gewand
über jene menschen
die vor ihm fliehen
sich mit trivialen dingen umgebend
wie mit einer mauer
die den zutritt zu ihren herzen versperrt

gaukler
in den augen derer
die in sein reich flüchten
getrieben von der illusion
ihre seelen könnten auf ewig
dem schicksal entrinnen

meister
für jene
die ihm willig folgen
in gefilde
wo schatten
zu früchten heranwachsen
die nach einer überdosis zeit schmecken

die stadt im aufbruch

als der morgen gähnt
reckt sich die stadt aus ihrer nächtlichen umarmung
und zieht die unwilligen
in den strudel erzwungener geschäftigkeit

die liebenden schlecken die letzten portionen
spaghettieis
ehe francesco der eisverkäufer
sich in den süden aufmacht

um die ecke der trinker
verzichtet auf den ersten schnaps
im wissen
dass kaltes feuer ihn irgendwann auffressen würde
und die verachtung seiner mitmenschen
ihm für immer sicher wäre

die grellgeschminkte dame im hermelinmantel
stöckelt ins lunare verderben
und der herr im feinen zwirn
der mit charme an ihre melonen will
trocknet noch schnell die träne in seinem knopfloch

der wahnsinnige nimmt ein letztes bad
in einem brunnen
benannt nach einem griechischen gott
bevor ihn die staatsmacht über den haufen knallt

ich sehe mich am bahnsteig stehen
und als der zug einfährt
werde ich in einen wagen geschoben
in dem leute sitzen
die mir ihre träume erzählen
in der hoffnung
sie könnten eines tages mitsingen im chor der erlösten

am ende eines tages

am ende eines langen tages
lehnst du dich zurück
und füllst dich mit musik
die traurig schön ist wie der abend
der mit müden flügeln zum fenster hereinschwebt

am ende eines tages
an dem dir die worte fehlen für das
was anfangs möglich schien
und schließlich daraus wurde

am ende des tages
der mit einem missverständnis begann
und einem gefühl
das von stunde zu stunde mehr wog
als du zu tragen gewillt warst

in den augen deiner liebsten
kannst du im schein der untergehenden sonne lesen
dass es möglich ist
zwischen zwei schlägen deines herzens
leicht zu werden
wie eine feder
dem alltag entschwebend

quersichten

(1)
wollen hätte ich schon mögen
doch dürfen hab ich mich nicht getraut

dich trauen hätte ich schon mögen
doch wollen hab ich nicht gedurft

könnt ich dich trauen dürfen
müsst ich es wollen mögen

(2)
sie schlugen sich
sie vertrugen sich
nie frugen sie sich
warum sie sich schlugen
und wieder vertrugen

verlorene unschuld

wie sollen wir die not des anderen fühlen
der täglich stumm um hilfe schreit
wie soll das elend uns dem elenden näherbringen
solange wir dem glück nachjagen

eigentümlicher zustand
in dem wir uns nicht rühren
solange schmerz nicht selbst erfahren wird

qualvoll erduldetes leiden
leidvolles dulden der qual
in galaxien
deren felder sich in kaltem schweigen
gegenüberstehen

wie ertragen wir die spannung
einsam nachdenkend
über schuld und verantwortung
bis hin zum tag
an dem der fall beginnt
ins meer des einverstandenseins
in den zustand
wo wir alle schuld ablegen
wie einen mantel
der mit den generationen
immer schwerer wurde

die rose und das glück

auf der suche nach den letzten dingen
sieht ein licht er flackern fern
er wird nicht müde sich zu fragen
was zum teufel ist des pudels kern

die chose mit der rose etwa ist
dass sie ihn heftig sticht
er sieht das blut an seinem finger
die dornen jedoch sah er nicht

die welt liegt ihm zu füßen
er müsste lediglich sich bücken
der haken an der sache ist halt nur
er hat es schwer im rücken

er rennt dem glücke hinterher
dies seinerseits folgt ihm auf schritt und tritt
er tötet täglich seinen schatten
das leben ist für ihn ein schneller ritt

das herz der lady an der bar
en passant will er gewinnen
beim blick auf seine armbanduhr
sieht er die zeit entsetzlich schnell verrinnen

die zeit ist knapp die lady cool
sein zug fährt schon im morgengrauen
mal wieder ist ihm sonnenklar
er hat an seinem schicksal schwer zu kauen

es treibt ihn arg auf seinem wege
das leben vor sich her
warum zum henker fragt er sich
warum ist alles nur so schwer

blutender schnee

mit dem blut aus tiefer wunde
schreib ich deinen namen in den schnee
blut das sehnsucht kann nicht stillen
blut das schmeckt nach herzensweh

der winter ist gar streng und will nicht enden
noch immer färbt der schnee sich rot
nicht weichen willst aus meinen träumen du
es wohnt in meinem herzen bittere not

tagsüber schau ich oft aus meinem fenster
seh dunkle wolken tief am himmel ziehen
ich wünsche mir ich hätte flügel
und könnte in den süden fliehen

doch hält dein bild mich hier gefangen
und deine stimme dringt ins ohr mir weich
wenn du gehen willst so geh in frieden
wenn du bleiben willst macht es dich reich

ich seh die wolken weiterziehen
tag für tag und stund um stund
seh im traume dich berühren
mit meinen lippen deinen dürstend mund

und eines tages ist der schnee geschmolzen
der tiefen wunde blut nicht länger noch zu sehn
die jungen störche breiten ihre schwingen
so will zurück zu meiner liebsten ich nun gehn

zwischen abgrund und getriebensein

geahntes fiasko
erlebt und durchlitten
auf jener reise
die uns an unsere grenzen führte
jenseits derer sich abgründe öffneten

hunderte meter tief
fiel der blick
schwindelig schön
hinab auf das grüne band des fjordes
auf dem einsam ein traumschiff kreuzte
und die späte sonne warf schatten
der unsere herzen erkalten ließ

myriaden von moskitos
brachen mit der dämmerung
über uns herein
ließen uns
den stechenden schmerz
unzulänglichen seins erfahren

schmerzliches getriebensein
was ist es das uns nicht den ort finden lässt
an dem sich unsere seelen berühren
was ist es das uns unbarmherzig
trennendes vor augen führt

jede reise
findet ihr ende
und hinter dem ende
steht ein neuer anfang
der grenzen verschiebt
jenseits geschauter abgründe

reisen

reisen ist nicht gleich reisen

reisen mit dem rollkoffer
der gerollt und hin und wieder gewuchtet
zum urlaubsziel bugsiert wird

dort stehen hochburgen bereit
in denen die masse
pauschal weich gebettet und bespaßt wird
clubs die namen tragen
welche aberwitzige abenteuer versprechen
robinson lässt grüßen
wo der animateur selbstverständlich
auch am freitag zu hochform aufläuft

so verspricht das weekend
was es zu hause nicht immer halten kann
ein bisschen spaß muss sein
ein sangria kommt selten allein
schließlich lebt man nur einmal

reisen ist nicht gleich reisen

ein rollkoffer ist ein rollkoffer
und ein rucksack ein gepäckstück
das auf den rücken geschnallt
in entlegenste gegenden dieser welt gelangt
wo es gilt
kulturen zu entdecken
von denen der robinsonbespaßte nur träumen kann

nicht der animateur läuft hier zu hochform auf
der hier lebende stamm sorgt dafür
dass die reisenden auf ihre kosten kommen

doch bevor sich die wilden
zu tänzerischer darbietung aufschwingen
muss das transistorradio
noch rasch im unterholz verschwinden

so bilden wilde und wilde reisende
eine einheit
dessen zauber selbst ein handyblitz
nicht zunichte macht

reisen ist nicht gleich reisen

reisen heißt aufbrechen
gewohntes hinter sich lassen
unbekanntem ausgeliefert sein

heißt auch innehalten
um ausblicke
zu augenblicken werden zu lassen
in denen das auge
nicht nur nach außen blickt

innehalten
meint einkehr
nicht nur in tavernen

reisen ist wegfahren
um zu erfahren
was zurückgelassen wurde
bedeutet sich weit genug zu entfernen
um dem ort nahe zu kommen
der in keinem reiseführer steht
dem ort der mir das gefühl gibt
unterwegs heimisch zu sein

die familie

kleinste zelle der gesellschaft
die mittlerweile im kern
auch ohne oberhaupt auskommt
das alltägliche mit und aneinandervorbei
zu praktizieren

flacher werden die hierarchien
flacher die bildschirme
aus denen flimmernd suggeriert wird
die familie sei noch immer
die stütze der gesellschaft
auch wenn es nicht immer ohne stütze geht

einmal im jahr
kurz bevor dieses vorüber ist
steht der familie ein fest ins haus

dann liegen geschenke unterm baum
die mühelos zurück getauscht werden können
doch das leuchten in den augen der lieben kleinen
verrät den überhäuptern
dass die wahl der hightechprodukte
die richtige war

sind kartoffelsalat&wiener würstchen verdrückt
und eilen die gedanken voraus
zu klößen ente rosenkohl
versichert man sich der liebe im kreise der familie
und auch das schwärzeste schaf
wird im glanz der lichter
als ebenbürtiges teil der herde gesehen

riesig sind die erwartungen
das fest möge friedlich verlaufen
und die spannung steigt
ob die klippen
die wie aus dem nichts auftauchen
unbeschadet umschifft werden

sind die lieben kleinen schließlich
am ende des letzten festtages
ins bett geschickt
und die überhäupter erschöpft aber froh
ungeschoren davon gekommen zu sein
wird es zeit
dem nächsten test ins auge zu schauen
dem gemeinsamen urlaub mit dem neuen wohnmobil

schatten der familie

verdrängt ist
die angehäufte schuld
größer als die sühne
ist das vergessen

unter der grünen wiese
wo seine asche liegen wird
neben der asche der mutter
die um den gnadenschuss bat
als sie ihr leid nicht länger ertrug
neben der asche der tochter und des enkels
die am schatten der familie zerbrachen

ist der vater tot
wird der sohn gejagt
hörte ich im traume eine stimme sagen

schwindet die last aus frühen jahren
mahnt mich die zeit
das werk des lebens zu vollenden

kettenträume

das leben ging ihm
rundum
auf die ketten

dann verliebte er sich
in eine kettensäge
er machte seinen schein
und ließ sich scheiden

nach dem hundertsten baum
war ihm klar
das leben war für ihn
auch ohne nervensäge
kein leichtes

nach dem tausendsten baum
aber wusste er
sein bund mit der kettensäge
war ein bund für´s leben

als alle bäume gefällt waren
dämmerte ihm
das einzige
was er noch hatte
war die angst vor dem tod

zauber

einst sah am wegesrand
ein blatt ich einen reigen tanzen
sich in den hüften wiegend
pirouettendrehend

jäh empor gewirbelt
schoss es in die lüfte
fiel herab
mit einem looping

wundersames schauspiel
unerklärlich schön
die welt schien
von harmonie durchdrungen

vom wunsch beseelt
der zauber möge ewig währen
sah ich das blatt
am seidenen faden hängen
der auf dem weg zum himmel
sich verlor

auf eis gelegt

herausgeschleudert die worte
schmerzend
funkensprühend
fallen sie wie heiße asche
auf unser nest herab

dem tod der liebe ins auge schauend
kämpft jeder
um sein eigenes heil

allein
die welt so leer
und tief der graben
zwischen mir und dir

mein kopf ein karusell
auf dem ich einsam
mit der sehnsucht
mich im kreise dreh

gleich einem sonnenstrahl
trifft mich das lächeln eines kindes
und bringt das eis in mir zum schmelzen
auf das die liebe ich gelegt

goldene brücke

das ziel in den augen
schönem schein geschuldet
sklave der zukunft
das schicksal erduldet

taumelnd am abgrund
über finsterem tal
abstürzende hoffnung
am schluss kopf oder zahl

gestorbene träume
ewig währendes leid
was zählt ist die würde
beim fall aus der zeit

goldene brücke
über die dich der tod
führt in das leben
ohne ängste und not